Ganz tief ins Leben

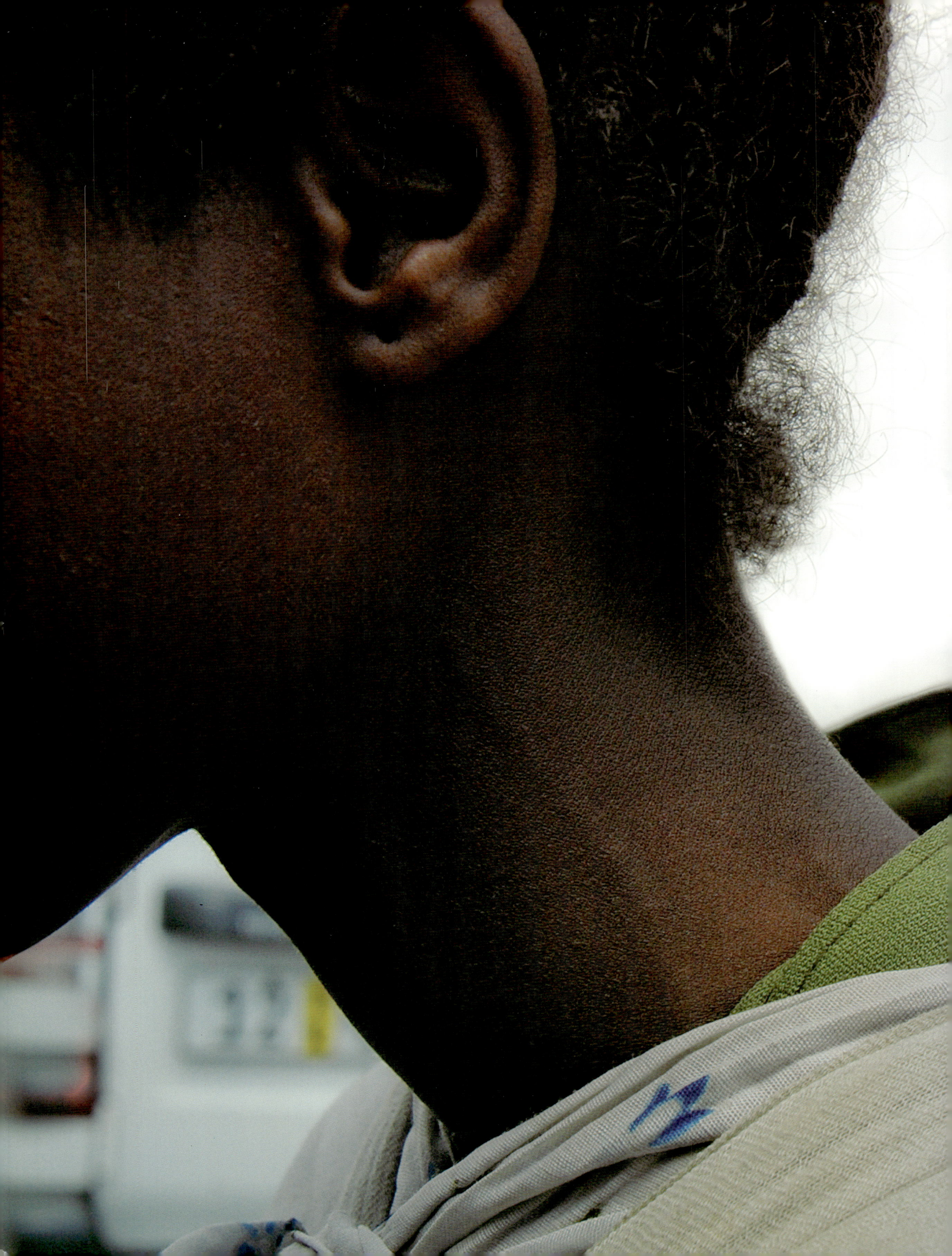

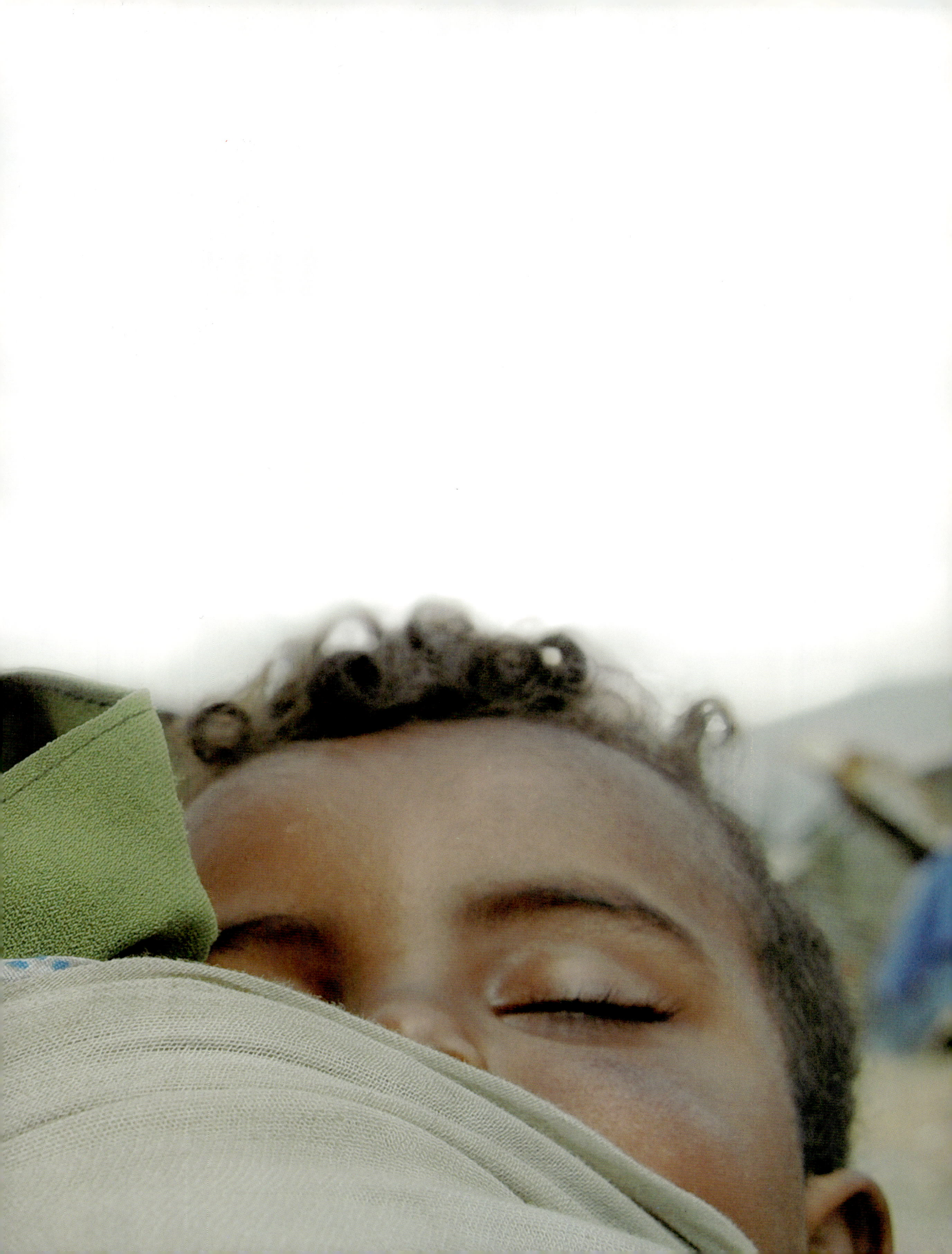

Ganz tief ins Leben

ÄTHIOPIEN

Alexander Maria Lohmann

Vorwort von Almaz und Karlheinz Böhm

Tecklenborg

 Sonnenuntergang im „Tal der Wunder" – Babile

 Zubereitung von „Injera", dem Nationalgericht Äthiopiens im Tukul einer Oromo-Familie

Hütte

Liebe Leserinnen, liebe Leser,

seit fast 30 Jahren sind wir mit unserer Organisation „Menschen für Menschen" in Äthiopien aktiv, um nachhaltige Hilfe zur Selbstentwicklung zu leisten. Aufgrund der vielen intensiven Erfahrungen, die wir vor Ort immer wieder machen dürfen, können wir nur bestätigen, was Alexander Lohmann mit seinen Fotos zum Ausdruck bringen will: Ein Aufenthalt in diesem überaus vielschichtigen Land am Horn von Afrika schärft den Blick für das Wesentliche im Leben:
Da sind zum einen die existenziellen Sorgen und Nöte, mit denen die Männer, Frauen und Kinder in den entlegenen ländlichen Regionen tagtäglich konfrontiert werden: Wie kann ich genug ernten, um meine Familie zu ernähren und mit Oberschüssen auf dem Markt Geld zu verdienen? Wo bekomme ich ausreichend sauberes Wasser zum Trinken und für die körperliche Hygiene her? Wer heilt mein krankes Baby und wer lindert meine Schmerzen? Wie lange muss ich noch unter überholten Traditionen leiden und wie lässt sich die Zahl

der Schwangerschaften reduzieren? Wo kann ich meine Kinder zur Schule schicken und mir selbst neues Wissen aneignen? Wie kann ich nicht nur notdürftig von einem Tag auf den anderen überleben, sondern mich langfristig absichern und vorwärts kommen?

Über all den Problemen darf man jedoch nicht das enorme Potenzial übersehen, welches ebenfalls ein charakteristisches Merkmal dieses Landes und seiner Bevölkerung ist und uns überhaupt erst die Zuversicht gibt, dass wir mit vereinten Kräften unserer Vision von einer besseren und gerechteren Welt ein Stück näher kommen können. Es zeigt sich u. a. in dem ungebrochenen Überlebenswillen und der bewundernswerten Ausdauer der Menschen; in der toleranten Aufgeschlossenheit gegenüber neuen Ideen und in der beeindruckenden Wissbegier von Jung und Alt; in der riesigen Freude über jeden noch so kleinen Erfolg und in der ernsthaften Bereitschaft, Verantwortung für die eigene Entwicklung zu übernehmen.

Die trotz allgegenwärtiger Armut positive Lebenseinstellung gehört zum besonderen Zauber von Äthiopien, dessen Schönheit viele faszinierende Gesichter hat: die natürliche Anmut und den Stolz der Menschen; ihr strahlendes Lächeln und ihre ansteckende Fröhlichkeit; gegensätzliche, atemberaubende Landschaften, deren überwältigender Anblick uns ebenso demütig staunen lässt wie die höfliche Bescheidenheit und die herzerwärmende Gastfreundschaft, die Ausdruck einer uralten, tief verwurzelten und äußerst facettenreichen Kultur sind.

Wir wünschen uns, dass dieser Bildband auch Ihnen einige Augenblicke schenkt, in denen Sie sich auf das Wesentliche konzentrieren und ganz tief ins Leben eintauchen können!

Alexander Lohmann danken wir herzlich für sein Engagement als Mensch für Menschen, an dem Sie durch den Erwerb dieses Buches ebenfalls Anteil haben!

Ihre

Almaz und Karlheinz Böhm
Oktober 2010

n. Karte: Aissaita

 Salzsee in der heißen Afar-Regior zwischen Semera und Asaita. In dieser Wiege der Menschheit wurde 1974 das Skelett „Lucy“

gefunden. Lucy lebte vor etwa 3,2 Millionen Jahren.

 Danakil-Wüste

 Sonnenuntergang zwischen Gewane und Mille (Straße zw. Dessie u. Assab) an der Küste des Roten Meeres

Die Erde ist freundlich,
sie ist unsere Pflicht.

 Flamingos im Shala-See, dem größten Kratersee Äthiopiens – Shala National Park

Südwestl. v. Addis Abeba

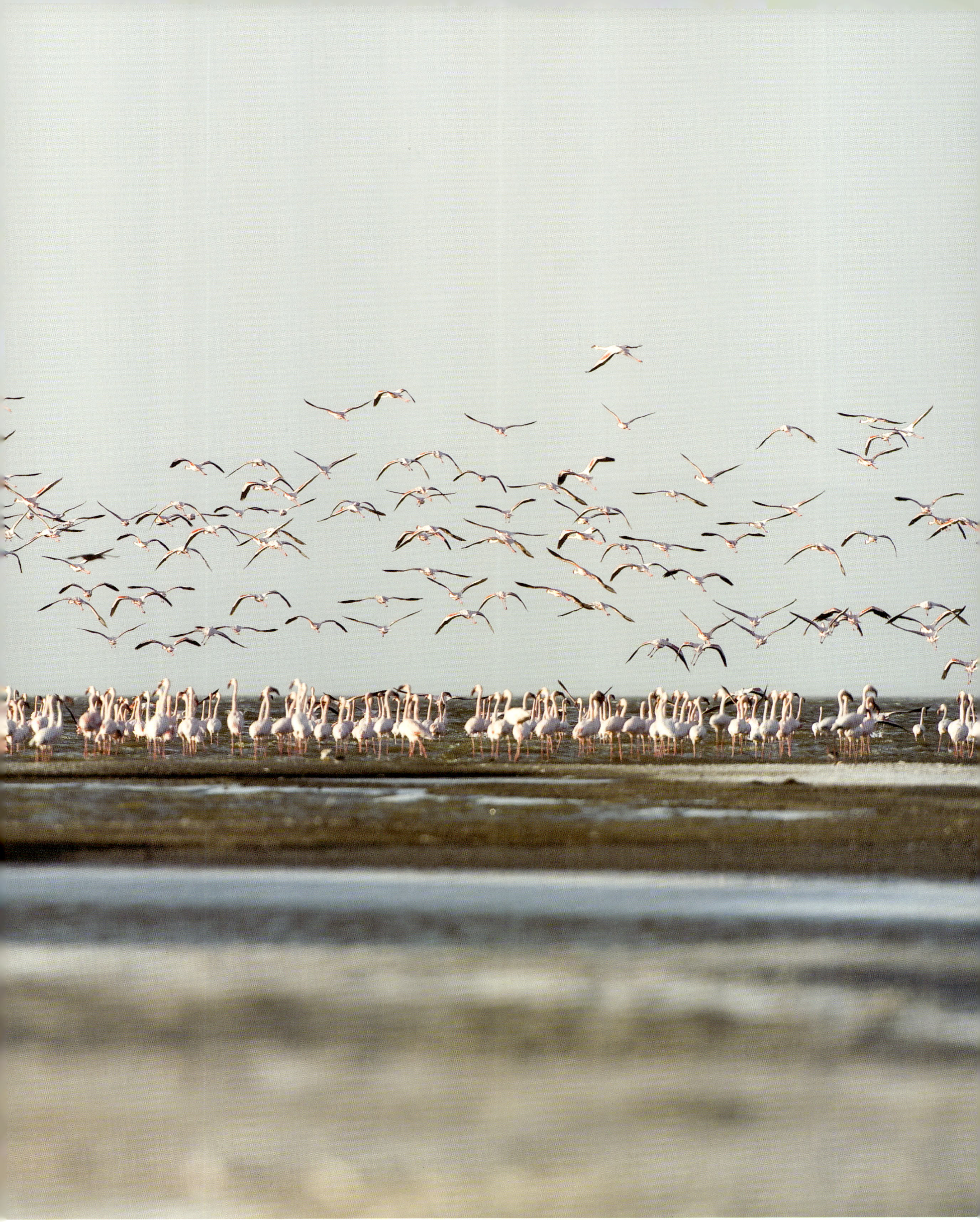

 Granitfelsformationen im „Tal der Wunder“ – Babile

Provinz Tigre

 Tigray, im Norden Äthiopiens

 Ein Dschelada in den Simien Mountains. Die seltene Primatenart lebt nur noch in den Hochlagen Äthiopiens. Der Nationalpark Simien

max 4620 m hoch (Mt Ras Dashan = Mount Ras-Dashan

Mountains wurde 1978 in die L ste des UNESCO-Weltnaturerbes aufgenommen.

Äthiopien in Zahlen

Täglicher Wasserverbrauch je Einwohner, in Litern in Äthiopien:	12
in Deutschland:	225
Benötigte Menge Wasser, um aus Nutzpflanzen einen Liter Biosprit zu gewinnen, in Litern:	4.560
Geschätzte Zahl der Kinder in Deutschland, die an Neurodermitis leiden, weil sie zu oft gewaschen werden:	300.000
Bevölkerung Äthiopiens, die keinen Zugang zu sauberem Trinkwasser hat, in Prozent:	60
Anzahl der Wasserstellen, welche die Hilfsorganisation „Menschen für Menschen" in Äthiopien errichtete:	1.504
Benötigte Spende für den Bau eines Trinkwasserbrunnens für ein ganzes Dorf, in Euro:	1.500

 Schwarzmilan beim Fischfang im Langano-See

südsüdwestl. v. Addis Abeba

 Blaustirn-Blatthühnchen im Shala-Nationalpark. Es wird von der Weltnaturschutzunion IUCN in der Roten Liste gefährdeter Arten

geführt. Mit seinen langen Zehen läuft der Vogel problemlos über Schwimmpflanzen.

 Fischfang am Langano-See südostl. v. Addis

 Rinderherde in der Nähe von Logiya

Kein Mensch ist illegal.

 Kinder vom Nomadenvolk der Afar in der südlichen Danakil-Senke

max 116 m unter Meeresspiegel

 Rindermarkt in der Nähe von Gashema

 Afar-Familie in der Danakil-Wüste nördöstlich v. der Stadt Dessie

In Harer. 2006 wurde die von einer Festungsmauer umgebene Altstadt zum UNESCO-Weltkulturerbe erklärt.

Stadt Harrar im Osten v. Äthiopien

Frau von hinten fotografiert

Ganz tief ins Leben

Sind wir denn wirklich glücklich? Mit dem, was wir tun, mit dem Leben, wie wir es leben? Mag sein, dass das naiv klingt, aber dennoch ist es doch das alles Entscheidende. Ein Glücksmoment soll 10 Sekunden dauern. Wann war unser letzter Glücksmoment? Glück ist das beste, was wir haben. Für Glück gibt es keinen Ersatz. Vielleicht arbeiten wir dem Glück entgegen, verdienen Geld, finden aber kaum noch die Zeit, das Geld auszugeben. Schaffen wir es am langen Einkaufssamstag dennoch, fehlt uns wiederum die Zeit, die Waren zu konsumieren. Das Spielen mit unseren Kindern erledigen wir durch professionelle Freizeitgestalter, die Talkshows ersetzen die Gespräche miteinander und anstelle des Spaziergangs wird „Deutschland goodbye – Die Auswanderer" im HDTV-Fernseher geschaut. Gekaufte Lebensfertigprodukte. Mehr Erlebnis in kürzerer Zeit. Wie viel Preis und Leistung benötigen Leben und Glück?

Wir sind Bewohner eines der reichsten Länder dieser Erde. Äthiopien ist bitterarm. Vielleicht ärmstes Land überhaupt. Aber was soll das? Die letzten dreißig sind fürchterlich elend. Dennoch wird kaum ein anderes Land so mit Hungersnöten, Armut, Konflikten und Dürren in Verbindung gesetzt wie Äthiopien. Die dickbäuchigen Kinder auf ihren Zündholzbeinen, welche in den achtziger Jahren auf den Bildschirmen unserer Wohnzimmer auftauchten, bleiben immer in Erinnerung. Dies verhalf Äthiopien zu seiner traurigen Bekanntheit. Kaum jemand kennt jedoch die andere Seite Äthiopiens. Es ist ein Land mit einer Freundlichkeit und Gastfreundlichkeit, welche erfolgreich versucht, jede Art von Armut zu überschatten. Die unermessliche Schönheit dieses Landes. Das extreme Äthiopien – eine landschaftliche Vielfalt von unwirtlichen Depressionen (Senken), max 110 m u. NN die zu den heißesten Gegenden der Erde gehören, Seite an Seite mit fruchtbaren Ländern und Gebirgen, welche über 4000 Meter hoch ragen. Ein Äthiopien, welches unschätzbare Werte und Dinge besitzt, die bei uns meist schon verloren gegangen sind.

In den letzten Jahren gab es für mich nur noch eine wirklich gute Variante, das Leben in Äthiopien zu erleben: ohne Planung, mit Allradfahrzeug und Fahrer auf haarsträubenden Wegen oder besser noch – ganz alleine zu Fuß. Querfeldein, Richtung Unendlichkeit geradeaus.

Nach Irgendwo zu gehen ist gut. Irgendwo ist kein schlechter Ort. In Irgendwo gewinnt das Jetzt und Hier an Bedeutung. Man ist zufrieden, wo man ist. Hat die Zeit, Dinge zu sehen, die einem sonst verborgen bleiben.

Verlässt man Addis, egal in welche Richtung, bricht man auf, in eine neue Welt. Es beginnt eine Reise in die Vergangenheit. Anstelle von überfüllten und chaotischen Straßen sind es Eselkarawanen und barfüßige Mädchen, die einem begegnen. Ein Weißer allein hat es gut in Äthiopien. Er braucht nur zu sein, nur da zu sein, und die Welt kommt auf ihn zu. Großartiges. Und immer die Verwunderung, warum man gerade alleine ist. Kaum Touristen, in einem der schönsten Länder der Erde. Ganz tief im Leben.

Höre ich das Wort „Äthiopienexperte", verbeuge ich mich in Ehrfurcht. Wie ich jeden beneide, der sich auskennt. Ich war oft in Äthiopien und kenne mich immer noch nicht aus. Bert Brecht sagte einmal: „Alles übergab ich dem Staunen, selbst das Vertrauteste". Staunen, über den Stolz der Männer, die Schönheit der Frauen, die Neugierde der Kinder und die hohe Ethik islamischer Gastfreundschaft. Trifft man auf Einheimische, ist kein Wort so eindrucksvoll wie Zurückhaltung, ein aufrichtiges Lächeln und Respekt. Respekt vor einem unbeugsamen Charakter, vor einem Selbstbewusstsein, welches seinesgleichen sucht und der Art und Weise, wie viele Menschen ein Leben meistern, welches kaum zu meistern ist. Respekt vor ihrer Eleganz. Wie sie auf Schönheit bestehen, in dieser Wüstenei. Sie lassen nichts verkommen, auch nicht ihr Verlangen zu gefallen, sich und den anderen.

Natürlich arm. Aber die Zukunft scheint näher zu kommen. Es geht vorwärts. Ganz langsam und bescheiden.

Das Glück ist überall, auch im ärmsten Land der Welt.

Hin und wieder, nicht oft, aber dennoch gelegentlich, nimmt man dieses Glück mit nach Hause und es geht nicht mehr weg. Es ist wirklich ungeheuer aufregend, wenn das passiert.

Karlheinz Böhm sagte vor einiger Zeit zu mir, es sei vor allem der Tourismus, der die Zukunft Äthiopiens sichern kann. In der Hoffnung, einige von Ihnen für dieses wunderbare Land zu begeistern, entstand dieses Buch. Äthiopien. Ganz tief ins Leben.

Alexander Maria Lohmann

 Am Ufer des Lake Shala südsüdwestl. v. Addis-Abeba
Addis abeba

 Spät abends in Mekele Makale Prov. Tigre im Norden

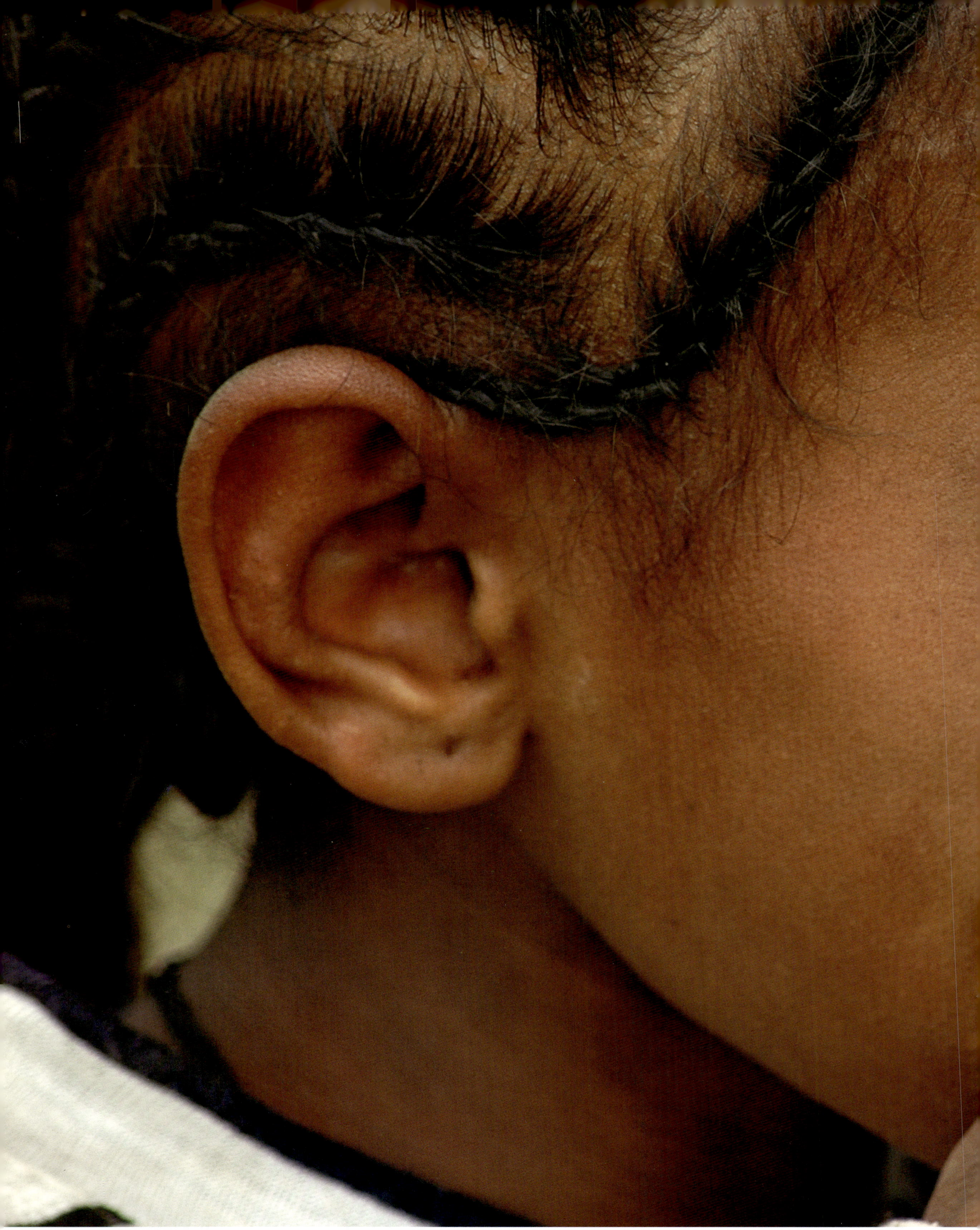

 Frühmorgens werden Waren zum Markt gebracht.

Zuckerrohr

Hier ist dein Haus.

Hier ist, was zählt.

Du bist überdacht

von einer grandiosen Welt.

fast alle Häuser
sind Tukul's

Tukul

 Eine Hütte der Afar-Nomaden in der Danakil-Wüste, eine der unwirtlichsten Regionen der Erde, aufgenommen mit weißen Tüchern

 Zubereitung von Injera, ein weiches gesäuertes Fladenbrot aus Teffmehl. Das Mehl wird mit Wasser zu einem Teig vermischt, der eini

ge gären muss. Dann werden daraus auf heißen Tonplatten Fladen gebacken.

Inmitten dieser Felswand leben Mönche, die jeden sozialen Kontakt vermeiden.

 Rundhütten im Simien-Nationalpark. Grandiose Ausblicke kennzeichnen diese einzigartige Berglandschaft, die zu den spektakulärsten

Hochland nordöstl. v. Tanasee höchster Berg

Szenerien unseres Planeten zählt.

≈ 4620 m über NN (Ras Dashan) 4550 m lt. Atlas

Äthiopien in Zahlen

Höhe des Bruttoinlandsprodukts pro Einwohner, in US-Dollar	
in der Schweiz:	46.978
in Äthiopien:	324
Durchschnittlicher Jahresverbrauch an Erdöl je Einwohner, in Barrel	
in der Schweiz:	13
in Äthiopien:	0,2
Durchschnittlicher Elektrizitätsverbrauch je Einwohner, in kWh	
in der Schweiz:	7.809
in Äthiopien:	28
Anzahl der holzsparenden Lehmöfen, die „Menschen für Menschen" den Bauern zur Verfügung gestellt hat:	116.672
Benötigte Spende für den Bau eines holzsparenden Lehmofens, in Euro:	5

 Wegen Temperaturen von bis zu 50 Grad Celsius wird in Asaita draußen geschlafen.

 Zu einer Kaffeezeremonie gehört das Rösten der grünen Bohnen, unmittelbar bevor der Kaffee in der traditionellen „jabana“ gekocht

wird. Kaffee ist bis heute Hauptexportprodukt Äthiopiens, dem Ursprungsland der Kaffeebohne.

Woldia, nördlich der Hauptstadt Addis Ababa

 Am Ende der Welt ist Asaita, ein Dorf in der Afar-Region Äthiopiens. am Awash (Fluß)

Aissaita westl. v. Dibouti

Genießt du den Regen
oder regnet es an dir vorbei?

 Sintflutartige Regenfälle in Babile. Ebenso wie Dürren, sind Überschwemmungen und Bodenerosion die Hauptursachen für die

Hungersnot in Äthiopien. 49 Prozent der Bevölkerung sind unterernährt.

 Sonnenuntergang und Gewitterstimmung nahe Babile. Aufgrund der Topographie und der verschiedenen klimatischen Verhältnisse,

zählt Äthiopien zu einem der acht Genzentren (Mannigfaltigkeitszentren) der Erde.

 Sintflutartige Regenfälle in Harer

 Die bekannten Fälle des Blauen Nils, der Haupt-Nebenfluss des Nils

am Tanasee, südl. v. Stadt Gondar

Ochsen ziehen einen Aufreiß-Pflug
(es wird nicht gestürzt!

Äthiopien in Zahlen

Jährliche Industrieproduktion je Einwohner, in US-Dollar in Österreich:	11.554
in Äthiopien:	18
Höhe der jährlichen Exporte je Einwohner, in US-Dollar in Österreich:	17.466
in Äthiopien:	8
Länge der befestigten Straßen, in km in Deutschland:	690.122
in Äthiopien:	4. 963
Länge der Straßen und Zufahrtswege, in km, welche „Menschen für Menschen“ in Äthiopien baute:	2.371
Anzahl der Personenkraftwagen, je 1.000 Einwohner in Deutschland:	573
in Äthiopien:	1
Anzahl der Teilnehmer an Landwirtschaftkursen der Hilfsorganisation „Menschen für Menschen“:	82.494
Spendenhöhe, um einem Kind den Zugang zur Grundschulbildung zu ermöglichen, in Euro:	35

Jürgen war dabei (siehe Foto-Album)

 Der Bati-Markt zählt zu den farbenprächtigsten und größten Märkten Afrikas.

 Markt am Rande des Awash-Nationalparks – einer von neun Nationalparks in Äthiopien

OROMIYA

Du willst noch leben irgendwann,

doch wenn nicht heute, wann denn dann?

Irgendwann ist auch ein Traum zu lange her.

 Ein Dschelada-Männchen im Nationalpark Simien Mountains

max 4620 m hoch (Berg Rash

Dahan/

 Sonnenuntergang im Norden Äthiopiens

 Schwarzmilane in Harer (Harrar)

Raub
die Vögel in Äthiopien sind viel zutrau-
licher als in D : Sie sitzen auf den Masten

in den Städten u. schauen beim Schlachten zu u. warten
(Holzm.) auf Fleisch- u. andere Reste

Äthiopien in Zahlen

Anzahl der Fernsehgeräte je 1.000 Einwohner in der Schweiz:	645
in Äthiopien:	7
Anteil der Schweizer Bevölkerung unter 15 Jahre, in Prozent:	16
Anteil der Äthiopischen Bevölkerung unter 15 Jahre, in Prozent:	44
Wahrscheinlichkeit in Äthiopien, das 40. Lebensjahr nicht zu erreichen, in Prozent:	33
Zahl der erwachsenen Analphabeten in Äthiopien, in Prozent:	64
Anzahl der Schulen, welche „Menschen für Menschen" seit 1981 in Äthiopien errichtete:	254
Bruttoinlandsprodukt der Schweiz je Einwohner, in Euro:	46.978
Bruttoinlandsprodukt Äthiopiens je Einwohner, in Euro:	180
Benötigte Spende an „Menschen für Menschen" für eine Schulbank mit Tisch für zwei Kinder, in Euro:	60

 Sorghum-Felder im Norden Äthiopiens

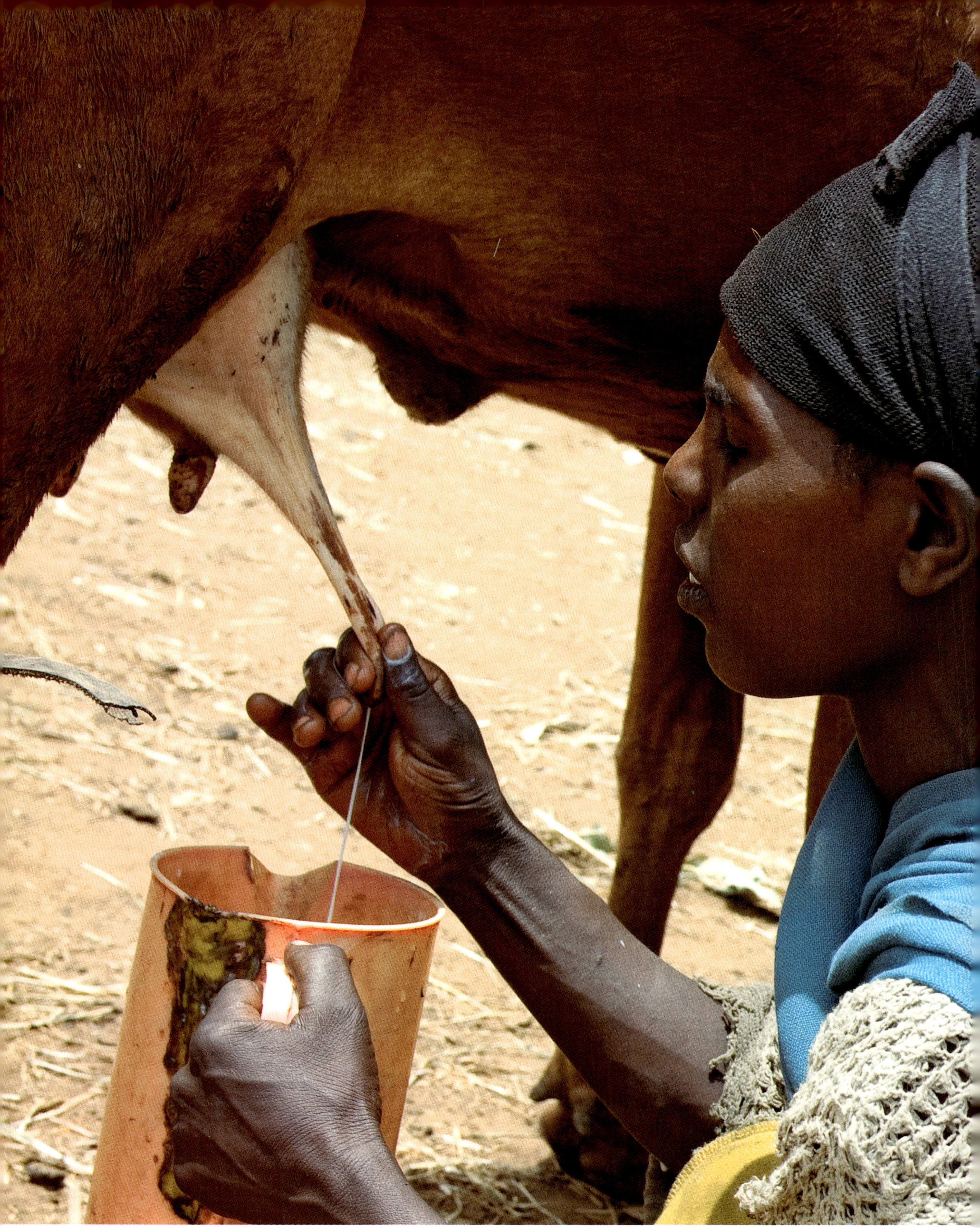

Die Landwirtschaft stellt den mit Abstand wichtigsten Wirtschaftszweig Äthiopiens dar.

 Asaita in der Afar-Region Äthiopiens

Aissaita in der Danakil-Wüste

 Ein junger Äthiopier in Lalibela. Die meisten Äthiopier sind Analphabeten.

Liebe.

Woher kommt sie?

Wer hat diese Flamme in uns entfacht?

Nichts ist kräftiger –

niemand kann sie besiegen.

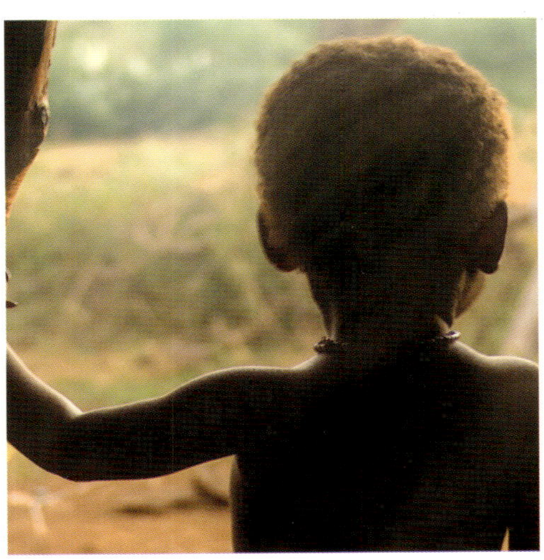

 Dscheladas in den Simien Mountains: die intelligentesten aller nichtmenschlichen Primaten und besten Felskletterer der Welt.

nördl. des Tanasees

Die Nacht verbringen Dscheladas in den bis zu 1.000 Meter abfallenden, senkrechten Felswänden.

 Wegen des auffälligen roten Flecks auf der Brust werden Dscheladas auch die Affen mit dem blutenden Herzen genannt. Es sind die

einzigen Primaten, welche sich größtenteils von Gras ernähren und ausschließlich das Hochland von Äthiopien bewohnen.

 Morgenwäsche in Harer

(Harrar)

B.D.M.

 Oromo-Familie im Awash-Nationalpark

im Süden

Äthiopien in Zahlen

Gesamtfläche Äthiopiens in Mio. km^2:	1,1
Gesamtfläche Deutschlands in Mio. km^2:	0,4
Anteil der Landwirtschaft am Bruttoinlandsprodukt, in Prozent in Äthiopien:	46
in Österreich:	2
Landwirtschaftsproduktion je Einwohner, in US-Dollar in Äthiopien:	83
in Österreich:	629
Anzahl der produzierten und verteilten Baumsetzlinge von „Menschen für Menschen" in Mio.:	93
Spendenhöhe für ein Landwirtschaftstraining von „Menschen für Menschen" für 10 Bauern pro Tag, in Euro:	15

 Markt in Harer: Verkauft wird unter anderem Kath; das sind Blätter des Kathstrauchs, die als leichtes Rauschmittel konsumiert werden

Harrar

Die Abhängigkeit ist für viele Familien eine große finanzielle Belastung. der Kath kommt aus dem Jemen

134 Bekannt für seine Farbenpracht: die Gegend zwischen Awash und Harer

Harrar Stadt im Osten (östlich) v. Addis-Ab.

 Timkat-Fest in Addis Ababa

der Christen (Kopten)

 Auf dem Weg zum Markt in Ambo

Jeder Mensch ist mein Niveau.

142 Ein junger Afar vor seiner Hütte in der Danakil-Wüste, fotografiert mit weißen Tüchern

nordöstlich v. Dessie (dort auch der Afdera

 Oromo-Frau vor ihrer Lehmhütte im Awash-Nationalpark

Harrar (Stadt) am Niger in Mali ? ganz östlich von Addis Abeba

 Oft wird Harer auch geheimnisvoll „Timbuktu des Ostens“ genannt: 368 Gassen und Straßen auf nur einem Quadratkilometer.

 Afar-Mädchen: Neben dem Ziegen- und Kamelehüten leben viele Afar vom Handel mit Salz, welches sie in den Niederungen der

Danakil-Ebene abbauen und im äthiopischen Hochland um die Stadt Dessie verkaufen.

 wo?! vermutl. Ras Rashan?

Äthiopien in Zahlen

Höchste Erhebung Deutschlands – Zugspitze – in m ü. d. M. (NHN):	2.963
Höchste Erhebung Äthiopiens – Ras Dashen – in m ü. d. M. (NHN):	4.533
Dashan 4.620?	
Anzahl von Computern je 1.000 Einwohner in Deutschland:	603
in Äthiopien:	6
Anzahl der Ärzte je 100.000 Einwohner in Deutschland:	373
in Äthiopien:	3
Säuglingssterblichkeit je 1.000 Neugeborene in Deutschland:	4
in Äthiopien:	94
Geschätzte Anzahl blinder Menschen in Äthiopien:	1.000.000
Kosten für eine Augenoperation in einem der 86 Krankenstationen von „Menschen für Menschen" mit vierwöchiger Nachbehandlung, in Euro:	25

 Will ein männlicher Dschelada ein anderes Männchen aus einer Gruppe vertreiben, kommt es zunächst zum Kampf zwischen ihnen.

Der Verlierer übernimmt eine Art Großvaterrolle oder verlässt die Gruppe und bleibt alleine.

 Äthiopische Steinböcke am Bwahit, mit 4.430 m der zweithöchste Berg Äthiopiens. Wegen der extrem kleinen Population ist der

Ätniopische Steinbock seit 1996 auf der Roten Liste des gefährdeten Welterbes.

 Fischerboote am Shala-See

Manche fühlen sich nur einsam,
wenn sie unter Menschen sind.

162 Ausgetrockneter Salzsee in der Nähe der Grenzen von Äthiopien, Eritrea und Dschibuti = französische Kolonie südl. des Roten Meer

164 Eine mit weißen Tüchern fotografierte Afar-Hütte an der Grenze zu Eritrea ganz im Norden v. Äthiopien

166 Zwei Esel auf dem Weg zu den Simien Mountains im Norden (Nationalpark)

 Pilgerinnen beim Timkat-Fest in Addis Ababa

Kaffeebohnen?

Äthiopien in Zahlen

Bevölkerung Äthiopiens, die mit weniger als 1,5 Euro pro Tag auskommen muss, in Prozent:	78
Bevölkerung Österreichs, die mit weniger als 1,5 Euro pro Tag auskommen muss, in Prozent:	< 1
Anteil der deutschen Bevölkerung, der sich nach eigenen Angaben als zu dick empfindet, in Prozent:	75
Anteil der Deutschen, die nach eigenen Angaben häufig ein Fertiggericht zubereiten, in Prozent:	16
Tiefkühlpizzen, die durchschnittlich in Deutschland jährlich pro Kopf verzehrt werden:	90
Kinder unter 5 Jahren, welche in Äthiopien an Unterernährung leiden, in Prozent:	38
Anzahl der Kleinkredite, welche die Hilfsorganisation „Menschen für Menschen" bisher vergeben hat:	16.272
Durchschnittliche Höhe eines von „Menschen für Menschen" vergebenen Kleinkredites, in Euro:	110
Anzahl gemeldeter Mobiltelefone je 1.000 Einwohner in Österreich:	913
in Äthiopien:	3

 Abendstimmung im Norden Äthiopiens

 Die Afar gelten als leicht reizbar und sehr gefährlich. Ein männlicher Afar verlässt nie unbewaffnet das Haus, meist mit dem typischen

„Jile"-Messer und immer häufiger auch mit Kalaschnikovs.

habe so ein Messer (wo? vielleicht bei Gerhard in Rottenacker)

 Auf dem Weg von Semera nach Asaita

Assaita

178 Logiya in der Afar-Region. Für die meisten Afar sind ihre Kamele ihr kostbarstes Gut. Mille am Mille Flus

am Awash nördl. der Stadt ~~Mille~~ (Danakil Depress

Es ist wichtig zu schweigen,
damit das Wort in dir wachsen kann
und stärker wird als du.

In einer der elf Felsenkirchen in Lalibela, das eine lange christliche Tradition der äthiopisch-orthodoxen Kirche hat und ein

Pilgerort für viele Christen ist.

 Timkat in Addis Ababa: größtes Fest des Jahres. Es ist das äthiopisch-orthodoxe Fest der Taufe Jesu im Jordan und der Epiphanie.

Das Fest findet am 19. Januar statt.

 Der Kaiser Lalibela ließ im 12./13. Jh. elf Kirchen jeweils als Ganzes aus der umgebenden Felsformation herausarbeiten, jede bis zu

800 m^2 groß und zehn Meter hoch.

Äthiopien in Zahlen

Zahl der Internetnutzer je 1.000 Einwohner in Deutschland:	679
in Äthiopien:	4
Anzahl der an HIV/Aids erkrankten Personen in Deutschland:	53.000
in Äthiopien:	980.000
Anzahl der Todesfälle pro Jahr, bedingt durch HIV/Aids in Deutschland:	< 500
in Äthiopien:	67.000
Zahl der Menschen, die nachweislich weltweit an der Vogelgrippe starben:	257
Zahl der Menschen, die nachweislich an der Schweinegrippe starben, ehe die Pandemiewarnung der WHO erfolgte:	8
Benötigte Spende für die Impfung von 30 Kleinkindern gegen 7 tödliche Krankheiten, in Euro:	120
Anzahl der von „Menschen für Menschen“ gebauten Krankenstationen:	86

 Die elf Kirchen in Lalibela zählen zu den größten von Menschen geschaffenen monolithischen Strukturen der Welt.

aus den Felsen gehauen

tolle Kirche 7.4.2016 geschrieben

 Die Georgs-Kirche in Lalibela. Heute zählen die elf Kirchen zum Weltkulturerbe der UNESCO.

 Im Inneren der Georgs-Kirche in Lalibela

alles Bilder
mit hellhäfigen Person

 Christlich-orthodoxe Kirche an der Bole Road in Addis Ababa um Mitternacht. 43 Prozent sind äthiopisch-orthodoxe Christen,

19 Prozent Protestanten und 34 Prozent Muslime.

Wir haben alles Gute vor uns,
alles Schlechte geht vorbei.

Flamingos im Shala-Nationalpark

 Ein Rotschnabeltoko im Shala-Nationalpark – eine afrikanische Vogelart aus der Gruppe der Nashornvögel. Unter den zahlreichen

Tierarten Äthiopiens sind 23 Vogelarten, 30 Säugetiere und 17 amphibische Arten endemisch. (nur in einem bes. Gebiet verbreitet) also: kommen nur dort vor

 Witwenpfeifgänse im Shala-Nationalpark

 Graureiher am Shala-See

2010

Wahrheit Verständnis Mut ein zufriedenes Herz

Abebech (äthiopischer Name, übersetzt „strahlend, wie eine Blume")
sitzt am Boden und hält ihre Tochter Mulu Alem (übersetzt „die ganze Welt")
im Arm. Sie ist gerade zwei geworden. Abebech kann heute ihr Kind nicht ernähren.
Keine Mahlzeit. Bereits der dritte Tag. Ganz leise singt sie „Der ganzen Welt"
ein Beruhigungslied vor. Ein Lied von einem schönen Leben. Alles wird gut.
Sie lächelt ihr Kind an. Mit letzter Kraft.
Am vierten Tag hat Mulu Alem die Kraft verloren, um sich dieses schönste
Geschenk ihres Lebens, das sanfte Lächeln ihrer Mutter, noch einmal anzusehen.
„Die strahlende Blume" hat „die ganze Welt" verloren.

Es gibt vieles, was für die Hilfsorganisation „Menschen für Menschen" spricht.
Doch ich will hier keine Argumente auflisten. Was Almaz und Karlheinz Böhm
für dieses Land getan haben und noch tun wollen, weil sie aus Überzeugung nicht anders
können, ist unfassbar. Bei meinem ersten Handschlag mit Karlheinz Böhm in
Addis Ababa fiel ich beinahe in Ohnmacht.

Es geht nur um Mulu Alem.
Aber Mulu Alem ist nun mal „die ganze Welt".
Ein ganz kleiner Teil Ihrer Welt kann
die ganze Welt retten.

Beende etwas, bevor du beginnst, es nicht mehr zu sehen.

Es war so einiges los in meiner Vergangenheit. Nach dem Gymnasium lernte ich Fotograf, dann Kaufmann und gastronomische Dinge. Vor einigen Jahren verlor ich Christian, meinen besten und damals einzigen Freund in einer Lawine. Zwei Stunden später, unter fünf Metern Schnee, fand man mich. Zwei Tage vor der Lawine hatte mir Christian gesagt, dass eine Manuela, die ich noch nicht kannte, genau die richtige für mich ist. Ich lernte Manuela kennen, wir heirateten und bald kamen unsere Kinder Stephanie und Kristiane dazu. Kristiane hat eine seltene Genkrankheit und ist eine wahre Sonnenblume. Eigentlich ein ganzes Sonnenblumenfeld. Durch Kristiane relativierten sich bisher wichtige Dinge im Leben und irgendwie begannen wir uns auf das Wesentliche im Leben zu konzentrieren. Durch eine erfolgreiche Charity-Veranstaltung ergab sich der Kontakt zu Karlheinz Böhm. Um das zu beschreiben, was er und seine Frau Almaz leisten, fehlen mir die Worte. In Äthiopien fing ich endlich an zu fotografieren. Im Betrieb zu Hause wurde immer weniger gelebt, und bei der Übergabe des Betriebes drehte sich alles zunehmend um das Haben und nicht mehr um das Sein. Nach unzähligen Terminen bei Anwälten und

anderen intelligenten Menschen entschloss ich mich mit Manuela für unsere Kinder und für das Leben. Kerzengerade und ohne Wenn und Aber trennten wir uns innerhalb weniger Wochen von unserer gesamten Vergangenheit. Neues Haus, neues Handy, neue E-Mail, neues Leben. In den darauf folgenden Wochen und Monaten gründeten wir die Firma Babile. Jetzt bin ich Fotograf mit Leib und Seele, dies ist unser erstes Buch, und nicht ganz alltägliche Diaschauen und anderes folgen bald.

Bei meiner Danksagung beschränke ich mich auf das Wesentliche. Danach kommt ohnehin eine Ewigkeit nichts. Liebe Manuela, dir ist dieses Buch gewidmet, nichts aber auch gar nichts funktioniert ohne dich. Du bist die beste Mama und das Beste, was mir passieren konnte. Danke. Meinen Kindern Stephanie und Kristiane, wegen denen ich anfing zu leben und von denen ich mehr lernen darf, als mir alle Bücher, Seminare und Lehrer gemeinsam bisher beibrachten. Unserem Hund Silicio, der ruhigste und bravste bei uns, und dem Kwesi für nichts Genaues aber dennoch sehr vieles.

Alexander Maria Lohmann

Impressum

Umwelthinweis:
Der Inhalt dieses Buches wurde auf Papier
mit chlorfrei gebleichtem Zellstoff gedruckt.
Das Einbandmaterial ist recyclebar.

Die Deutsche Bibliothek – CIP Einheitsaufnahme

~~Äthiopien~~
Ganz tief ins Leben
Alexander Maria Lohmann
Steinfurt; Tecklenborg Verlag, 2010
ISBN: 978-3-939172-76-5
1. Auflage 2009

Siemensstraße 4, D-48565 Steinfurt

Gesamtherstellung: Druckhaus Tecklenborg, Steinfurt

Autor und Verlag übernehmen keine Garantie für die Richtigkeit der statistischen Angaben.

ISBN: 978-3-939172-76-5

Die Webseite von
Alexander Maria Lohmann
können Sie unter
www.babile.com besuchen.

blöde Zeilen

Ich liebe den Weg, den Gang zu etwas,
auch wenn mich am Ende eine Frage oder nichts erwartet.
Ich liebe die Begebenheiten am Wege, auch das Nichts oder das Andere.
Ich liebe das Nichts, denn es lässt mich ein Etwas erahnen.
Ich liebe das Andere, weil ich mein Ich dadurch gefühlt habe.
Ich liebe meinen Blick und alles, was ich sehe, danke ich ihm.
Ich liebe meine Ohren, denn sie lehren mich, das Brausen der Stille zu hören.
Ich liebe meine Hände, denn sie können gefaltet einander stützen.
Liebe ist nicht, dass du da bist, sondern, dass du da sein wirst.